UN GOUFFRE FINANCIER

UN GOUFFRE FINANCIER

Examen de la Situation des Entreprises fondées
ou administrées par M. Simon Philippart.

Iʳᵉ PARTIE

AUX BUREAUX DU *Bulletin Financier*
44, rue Lafayette, Paris.

1875

UN GOUFFRE FINANCIER

PREMIÈRE PARTIE

LES ENTREPRISES EN BELGIQUE

I

La Compagnie des Bassins houillers du Hainaut.

Nous allons entreprendre aujourd'hui l'étude, longue et difficile, des entreprises fondées ou administrées par M. Simon Philippart.

Cette étude s'impose à nous, qui avons assistés, en Belgique, à la naissance des établissements de crédit fondés par cet habile financier, parce que nous avons à défendre les intérêts d'un grand nombre de capitalistes français, qui ont engagé des sommes importantes dans les entreprises de M. Philippart, dont le siége est en

France. Nous voulons leur montrer les écueils et les dangers auxquels sont exposées ces entreprises, et ce sera aux capitalistes auxquels nous nous adresserons de juger l'attitude qu'il leur convient de prendre.

Afin d'embrasser l'ensemble de la situation, et pour fournir le tableau complet du chemin parcouru par M. Philippart, nous devons faire une revue rétrospective de ses entreprises en Belgique. Il est même indispensable que nous jetions un coup d'œil sur les entreprises de M. Philippart à l'étranger, parce qu'elles sont aujourd'hui tellement enchevêtrées avec les entreprises françaises du même financier, qu'il serait impossible de se rendre un compte exact de leur situation sans cet examen préalable.

La Société des Bassins-Houillers du Hainaut a été la première Société formée par M. Philippart.

Fondée le 1er février 1866, par acte fait devant Me Vanderlinden, notaire à Bruxelles, les statuts ont été approuvés par un arrêté du roi des Belges, en date du 11 février 1866.

Le capital social fut fixé à 30 millions de francs, divisé en 60,000 actions de 500 francs.

Ultérieurement, par acte du 17 janvier 1867, les statuts ont été modifiés ; enfin, récemment, une nouvelle modification, dont nous aurons à parler, a été introduite dans l'existence légale de cette Société.

Les débuts de la Société furent très laborieux.

Cependant, il est incontestable qu'au moment de sa création la Société répondait à un besoin réel. Voici, en effet, quelle était la situation des chemins de fer en Belgique en 1866.

De 1857 à 1864 le gouvernement belge avait accordé concession sur concession sans plan arrêté et à l'aveugle, selon ses besoins personnels ou électoraux. La construction de ces lignes se fit sans capital-actions, ou plutôt ce dernier était la prime accordée aux souscripteurs.

Le capital-obligations seul fournissait les capitaux nécessaires à la construction. Les constructeurs possédant le capital-actions pouvaient voter l'augmentation du capital-obligations, qui toujours fut autorisée par le gouvernement.

Il était évident que ces Sociétés étaient vouées à une chute certaine, elles allaient sombrer en effet et suspendre pour de longues années le service des obligations, parce que le coût kilométrique de leurs lignes était hors de toute proportion avec le rendement.

D'autre part, les Sociétés avaient à lutter contre la concurrence qu'elles se faisaient entre elles, et plus particulièrement contre celle du gouvernement, exploitant lui-même un réseau de plus de huit cents kilomètres, situé dans les meilleures conditions de concurrence et de guerre de tarif.

C'est alors qu'apparut la Société des Bassins houillers du Hainaut, dont M. Philippart était le promoteur.

L'idée qui présidait à sa naissance tendait à coordonner les différentes lignes, de les réunir et exploiter en commun pour en former un réseau compact, solidement armé et outillé, de telle façon à organiser une concurrence sérieuse à l'Etat.

C'est dans ce but que fut créée la Société générale d'exploitation des chemins de fer à laquelle fut remise l'exploitation des lignes acquises, tandis que la Société des Bassins-Houillers devait se borner à la construction des chemins de fer destinés à former l'ensemble de son réseau.

Ce programme vaste et splendide, puisqu'il sauvait de la ruine une foule de porteurs d'obligations, ce programme fut exécuté à la lettre, et le réseau de la Compagnie, qui avait en 1867 une longuenr de 430 kilomètres. se trouvait avoir atteint en 1870, une étendue de plus de 1,100 kilomètres.

Lé système financier de la Société des Bassins-Houillers était celui-ci :

Elle garantissait le paiement des intérêts et de l'amortissement des obligations et encaissait le surplus ou avançait le manquant.

Les lignes qu'elle avait reprises étaient très diversement partagées, tandis que les unes la constituaient en perte, elle trouvait une compensation dans l'excédant des autres. La Société comptait sagement (à cette époque) sur le développement naturel du trafic de son réseau pour se trouver récompensée au bout d'un certain temps des sacrifices qu'elle s'imposait.

Une chose importante à remarquer, c'est que, jusqu'en 1870, il n'existait aucune solidarité entre les diverses Compagnies dont les lignes avaient été cédées aux Bassins-Houillers. Chacune d'elles conservait son autonomie et reconquérait son indépendance en cas de non-exécution des engagements pris envers elles. Cette situation permit d'apprécier très exactement la position financière et économique de la Société des Bassins-Houillers.

En définitive, chaque Société conservait les avantages de sa situation personnelle et n'avait aucune solidarité avec les Sociétés dont l'exploitation constituait la Société des Bassins-Houillers en perte. Ce système porta ses fruits; peu à peu, grâce à la bonne direction imprimée aux affaires, les recettes progressèrent et l'exploitation s'améliora de jour en jour.

En 1870, les Bassins-Houillers étaient assez forts pour entreprendre la lutte avec l'Etat en dénonçant ses tarifs mixtes.

La guerre n'eut qu'une courte durée et elle se termina par la conclusion de la convention du 25 avril 1870, Par cette convention, la Société des Bassins-Houillers du Hainaut cédait à l'Etat 601 kilomètres sur les 1,100 kilomètres dont elle avait repris l'exploitation. De plus, l'article 18 de la convention accordait des concessions nouvelles d'une étendue de 600 kilomètres.

Rappelons l'économie résultant du contrat du 25 avril 1870 :

Tout d'abord, il y avait fusion — d'autres diraient : confusion — entre les diverses Sociétés; l'Etat, en reprenant des lignes, ne faisait aucune distinction entre elles.

« Sur le montant de l'ensemble, dit l'article 44 de la
» convention, il sera prélevé au profit de la Société une
» somme de sept mille francs (7,000 fr.) par kilomètre
» de chemin de fer exploité, lorsque lesdites recettes
» brutes seront égales ou inférieures à dix-huit mille
» francs (18,000 francs) par kilomètre.

» Lorsque ces recettes seront supérieures à dix-huit
» mille francs (18,000 francs) par kilomètre, la moitié

» de l'excédant, jusqu'à concurrence d'un maximum de
» huit mille francs par kilomètre, sera attribuée à la
» Société pour être ajoutée au premier prélèvement de
» sept mille francs (7,000 francs) par kilomètre. »

On comprend la pensée qui a présidé, de la part de la Société des Bassins-Houillers, à la confection de la convention du 25 avril.

Cette *moitié de l'excédant* ou *part variable* devait l'indemniser des sacrifices faits jusqu'alors, sacrifices énormes et considérables qu'il fallait récupérer à tout prix sous peine de succomber.

Nous avons dit tantôt que la lutte *d'exploitation* qui s'était engagée entre l'Etat et les Bassins-Houillers avait été très courte; mais nous devons ajouter qu'elle fut aussi très meurtrière. Tout d'abord, pour s'y préparer, la Société des Bassins-Houillers a dû racheter à des prix exorbitants certaines concessions; ensuite son capital-actions n'était souscrit que fictivement; elle n'est parvenue à le placer que peu à peu, en donnant ses actions en paiement des travaux à exécuter. On s'imagine aisément à quel prix les entrepreneurs acceptaient ces actions en paiement. Pour notre part, nous en connaissons un qui les a reçues à raison de 250 fr., soit 50 0/0 de perte.

Les actions de la Société étant dépréciées dès sa fondation, son crédit était presque nul. Les rares banquiers qui consentirent à cette époque à faire des avances aux Bassins-Houillers exigèrent des suppléments de garantie inusités, qui se traduisirent ensuite par de gros intérêts et des frais énormes d'enregistrement.

Bref, lorsqu'en 1870 l'Etat reprit des Bassins-Houillers l'exploitation des 1,200 kilomètres dont nous avons parlé plus haut, la Société se trouvait dans un état voisin de la faillite.

En effet, le bilan du 31 décembre 1869 démontre jusqu'à la dernière évidence que la Société avait à son passif, outre son capital-actions :

Cautionnements déposés par divers..fr.	2.650.000
Obligations à rembourser...............	13.392.000
Créanciers divers......................	3.906.000
Total................ ....,fr.	25.948.000

Elle avait à son actif :

Cautionnements déposés pour concessions diverses.......................fr.	3.988.000
Portefeuille...........................	34.343.000
Espèces...............................	2.771.000
Matériel	154 000
Lignes en construction................	2.402.000
Approvisionnements	678.000
Comptes débiteurs.....................	3.651.000
Total.......................fr.	47.987.000

Cet actif, on le voit, était composé principalement de valeurs en portefeuille ; mais que penser d'un portefeuille dans lequel figuraient des *actions* de l'Ouest de la Belgique ; 10,000 *actions* du chemin de ceinture de Charleroi ; des *actions* Orléans à Châlons ; des *actions* Braine-le-Comte à Coutrai ; des *actions* Nord-Est français, qui encore aujourd'hui, n'ont que *zéro* pour valeur ? Bref, au cours du jour, tel qu'il est indiqué dans le rapport du 31 mai 1870, le portefeuille avait une valeur extrême de 10 millions, de telle sorte que l'actif de 48 millions ci-dessus avait, en réalité, une valeur de 24 millions contre un passif de 26 millions.

Depuis la fondation des Bassins-Houillers, on avait distribué en *dividendes* à peu près le montant des versements, de telle sorte que le capital était nul.

Cette situation désastreuse, il fallait la réparer à l'aide de la convention du 25 avril 1870; mais, ainsi que nous le verrons bientôt, la Société avait, comme on dit familièrement, un « *boulet* de 48 » à traîner à ses pieds, boulet qui entrave encore aujourd'hui sa marche et qui va en grossissant.

Il est incontestable que jusqu'en 1870 il n'y avait aucun reproche à faire à la Société des Bassins-Houillers. Elle travaillait et luttait pour les obligataires des divers chemins de fer dont elle avait en main les intérêts; ce n'est qu'après 1870, alors qu'elle s'était créé un immense instrument de spéculation, qu'elle changea de tactique, et qu'elle se livra à des manœuvres que nous allons détailler.

On verra, par la suite, quel usage scandaleux on a fait, non-seulement du crédit de l'Etat belge, mais nous établirons *que toutes les affaires brillantes des Bassins-Houillers sont devenues la propriété, et comme telles ont passé entre les mains de certains de ses administrateurs; qu'on ne lui a laissé que les mauvaises opérations et les charges en résultant, qui doivent amener, dans un temps facile à déterminer, la chute des Bassins-Houillers du Hainaut.*

Les entreprises de la Société des Bassins-Houillers du Hainaut, la cheville ouvrière des Sociétés fondées ou administrées par M. Philippart, peuvent se diviser en quatre groupes parfaitement distincts :

1° Ses entreprises de chemins de fer en Belgique ;

2° La construction des chemins de fer français ;

3° La construction des chemins de fer dans le grand-duché du Luxembourg ;

4° Les Sociétés de crédit administrées par M. Philippart.

Nous examinerons la situation de chacun de ces quatre groupes, et nous démontrerons que, dans toutes ces affaires, l'administration de la Compagnie des Bassins-Houillers du Hainaut s'est servie des capitaux qui lui étaient confiés pour s'emparer des *bonnes* affaires, tandis qu'elle a laissé à la charge de la Société celles qui sont douteuses ou devenues mauvaises par la suite.

Une particularité très remarquable se constate tout d'abord. Depuis 1870, époque à laquelle remonte l'abandon, par les Bassins-Houillers, des agissements sages qui ont marqué la période de 1866 à 1870, tous les financiers d'un rang distingué se sont successivement retirés de l'administration de la Société des Bassins-Houillers. C'est évidemment une singulière coïncidence que la retraite de MM. Auguste Dumont, sénateur de Belgique ; Montefiori-Levi, censeur de la Banque de Paris et des Pays-Bas ; Sabatier, Wouters-d'Oplinter, Marius Boulanger, Pirson, baron Sony, membres de la Chambre des représentants de Belgique ; Tercelin-Monjot, baron Lefèvre et Tournay-Stevens, tous banquiers, que la retraite, disons-nous, de ces honorables financiers se soit opérée successivement et au fur et à mesure que les agissements de l'administration des Bassins-

Houillers devenaient de plus en plus critiquables. Aujourd'hui, le conseil d'administration de la Compagnie se compose d'une demi-douzaine de personnes entièrement soumises à la domination de M. Philippart, suivant aveuglément ses instructions et ses ordres.

M. Philippart étant le maître absolu des destinées des Bassins-Houillers, en use, ou plutôt, disons toute notre pensée, en abuse pour se faire des bénéfices personnels très considérables.

Pour ne citer qu'un seul exemple comme preuve de ce que nous avançons, voici ce qui s'est passé en Belgique lors du rachat du chemin de fer du Grand-Luxembourg par l'Etat :

La convention du rachat a été passée entre MM. Moncheur et Malou, représentants du gouvernement, et M. Philippart, *stipulant au nom de la Société des Bassins-Houillers.*

La Société des Bassins-Houillers était devenue, en effet, détentrice de 80,000 actions, qui lui furent cédées par les administrateurs anglais de la grande Compagnie du Luxembourg, au cours de 400 fr. (liv. st. 16), et cette cession rendit seule possible la transmission à l'Etat des lignes de cette Compagnie.

Or, le gouvernement, par l'article IV de la convention du 31 janvier 1873, s'était engagé à offrir aux actionnaires le rachat de leurs titres, à raison de 550 fr. Il y avait donc un bénéfice de 150 fr. pour chacune des 80,000 actions acquises par la Compagnie des Bassins-Houillers, ce qui représentait 12 millions de francs de bénéfice.

Aussitôt que l'affaire fut définitivement conclue entre l'Etat belge et la Société des Bassins-Houillers, cette dernière rétrocéda à M. Philippart, en son nom personnel, l'option qu'elle avait acquise des administrateurs de la grande Compagnie du Luxembourg de reprendre les 80,000 actions, à raison de 400 fr.

M. Philippart encaissa les 12 millions de bénéfices résultant de cette affaire, tandis que les actionnaires de la Compagnie des Bassins-Houillers, signataires de la convention de reprise, *n'ont pas touché un centime de cette magnifique opération.*

D'après ces agissements et d'autres faits nombreux que nous aurons l'occasion de citer bientôt, nous sommes autorisés à penser que si la négociation avait échoué avec l'Etat, la Compagnie des Bassins-Houillers du Hainaut serait actuellement détentrice de 80,000 actions de la grande Compagnie du Luxembourg, à raison de 400 fr., qui ne vaudraient aujourd'hui que 250 francs.

Cela s'appelle « se faire prendre la main dans le sac, » et l'exemple que nous venons de citer démontre qu'entre les mains de M. Philippart, la Société des Bassins-Houillers du Hainaut est un instrument de spéculation *pour jouer à coup sûr* au profit de sa caisse personnelle, puisque les mauvaises opérations de la Société lui restent pour compte au grand détriment des obligataires des différents chemins de fer dont elle a repris les lignes qu'elle exploite ainsi d'une double façon.

Les bonnes opérations étant enlevées à la Société des Bassins-Houillers, comme il lui reste seulement celles devenues désastreuses, il est facile de calculer en combien de temps elle doit être atteinte dans son existence.

II

Le réseau des Flandres

Les entreprises de chemins de fer en Belgique, se trouvant en possession des Bassins-Houillers, se composent comme suit :

456 (1) kilom. font partie du réseau des Flandres.

601 — furent cédés à l'Etat par la convention du 25 avril 1870.

600 — nouveaux lui furent concédés par cette même convention.

400 — lui sont concédés par la convention du 31 janvier 1873, et constituent le réseau Athus-Givet et l'ancien réseau Forcade.

2.057 kilomètres au total.

(1) C'est le nombre de kilomètres en exploitation en 1874. En 1873, il y avait seulement 422 kilomètres en exploitation.

Nous allons voir ce que la Société des Bassins-Houillers a fait de cet immense réseau construit et à construire.

Pour ce qui concerne le réseau des Flandres, nous ne pouvons mieux faire apprécier les pertes que subit de ce chef la Société des Bassins-Houillers, qu'en mettant sous les yeux de nos lecteurs le passage suivant relatif au réseau des Flandres contenu dans le dernier rapport aux actionnaires des Bassins-Houillers :

Réseau des Flandres et du Nord de Gand. — Le nombre moyen des kilomètres exploités pendant l'année 1873 a été de 422; la recette brute, de 10,845, fr. 38 c. par kilomètre; la dépense, de 7,587 fr. 44 c. par kilomètre.

Les recettes brutes ont été absorbées par les dépenses à concurrence de 69 0/0. C'est le même tantième que celui de l'année 1872, et cette absence d'accroissement dans le montant proportionnel de la dépense est d'autant plus remarquable qu'elle coïncide avec un renchérissement considérable de la main-d'œuvre, du combustible et du fer.

La recette nette n'a pas suffi à couvrir la charge des redevances et du paiement des intérêts et de l'amortissement des obligations; le déficit a été supporté par notre compte de prévision.

Les recettes du réseau des Flandres suivent la même loi de progression que les recettes des lignes situées dans les parties les plus industrielles du pays. Seulement leur produit initial étant beaucoup plus faible, il faut plus longtemps pour arriver à un rendement rémunérateur.

Quoi qu'il en soit, c'est une question de temps, et nous pouvons, dès maintenant, estimer le nombre d'années pendant lequel nous serons encore en déficit et le montant approximatif de ce déficit. Puis nous commencerons à gagner, et notre bénéfice ira toujours en augmentant : — nous sommes certains de récupérer ultérieurement la perte que nous aurons subie.

Nous comptons exploiter, cette année, la ligne de *Termonde à Saint-Nicolas*; les plans de la section de *Saint-Gilles* (*Waes*) à An-

vers sont soumis au gouvernement ; ceux de la ligne de *Thielt à Lichtervelde* ne tarderont pas à être approuvés, et déjà nous avons commencé à acheter les terrains nécessaires à l'assiette de cette ligne.

Malgré l'inutilité parfaitement reconnue de la section de *Roulers à Dixmude*, le gouvernement persiste à exiger que nous construisions cette section.

Nous sommes d'avis d'exécuter toutes ces lignes, dont la succession nous est échue bien malgré nous ; nous sommes assez forts pour supporter les pertes qui en résulteront ; mais cela nous oblige, d'une part, à appliquer inexorablement sur lesdits chemins de fer les maxima des tarifs autorisés par les cahiers des charges, et, d'autre part, à ne jamais céder l'exploitation de ces lignes sans assurer à leurs créanciers l'entièreté de leurs créances et à nous-mêmes la restitution des pertes que nous aurons éprouvées en capital et en intérêts. Nous continuerons à passer, chaque année, le déficit par *Profits et Pertes* ou par compte de *Prévision*, mais nous n'en tiendrons pas moins un compte spécial avec intérêts.

Par cet extrait, l'on peut se convaincre que le réseau des Flandres n'est rien moins que productif. Bien au contraire, le résultat de l'exploitation est tellement désastreux qu'on n'ose pas même faire connaître aux actionnaires le déficit annuel qu'il cause à la Société.

Pour suppléer au défaut de renseignements du rapport, nous avons voulu, par à peu près, nous rendre compte de la perte subie annuellement par les Bassins-Houillers du chef du réseau des Flandres.

Voici les charges d'obligations :

Nombre d'obligations de fr. 500 à 3 0/0 émises.

Bruges à Blankenberghe (1re série)	....	2.964
—	(2e série)	754
—	(3e série)	2.000
	A reporter	5.718

Report.............	5.718
Eccloo à Anvers...	15.625
Flandre occidentale (1re émission)...........	9.700
— (2e émission)...........	29.500
Gand à Terneuzen........................	9.700
Lichtervelde à Furnes	10.000
Lokeren à Selzaet	9.300
Ouest de la Belgique (2e série) (1)...........	30.000
Au total	119.543

119,343 obligations, à raison de 15 fr. par an, exigent une rente annuelle de........fr.	1.790.000
L'amortissement 1/2 0/0...............fr.	300.000
Soit........ ....fr.	2.090.090

A cette somme, il faut ajouter :

1o La redevance à payer à la Société du chemin de fer d'Ostende à Armentières, à raison de 3,000 fr. par kilomètre, soit, pour 72 kilomètres, 216,000 francs (2).

2o Il faut tenir compte que, dans le relevé des obligations que nous avons fait plus haut, se trouvent celles de la Flandre occidentale, qui exigent 450,000 fr.; mais la Société des Bassins-Houillers garantit à la Société de la Flandre occidentale, dont les actionnaires se

---

(1) Nous comptons la 1re série pour les lignes reprises par l'État belge par la convention du 25 avril 1870.

(2) Il est vrai que la Société des Bassins-Houillers se trouve en état de suspension de paiement vis-à-vis de la Société d'Ostende-Armentières, puisqu'elle ne paie pas la redevance annuelle en dépit des conventions qui stipulent que le paiement doit se faire quelles que soient les contestations qui pourraient surgir entre les deux Sociétés.

trouvent tous à Londres, liv. st. 36,000 fr., soit fr. 900,000 francs.

Elle a donc encore fr. 450,000 à débourser.

Récapitulation.

Charges ci-dessus......................	2.090.000
Redevances à Ostende-Armentières........	216.000
— à Flandre occidentale..........	450.000
Soit en tout...........	2.756.000

Or, le rapport, dont nous avons cité plus haut, un extrait nous fait connaître que les 422 kilomètres du réseau de la Flandre ont produit :

Recette brute par kilomètre.........fr.	10.845 38
Dépense.............................	7.587 44
Donc une recette nette de.............	3.257 94
Ce qui fait un produit net de..........	1.374.851 70

La PERTE ANNUELLE du réseau des Flandres se chiffre donc par **1,382,000 francs.**

De l'aveu de la Société, cette situation doit se prolonger encore pendant AU MOINS cinq ans; et, comme elle dure déjà depuis cinq années, le total de la perte sur cette opération sera de 13 millions, sans compter les intérêts des capitaux que l'on n'a pu et que l'on ne peut encore actuellement se procurer qu'en payant des intérêts usuraires.

Si, au moins, l'opération de la grande Compagnie du Luxembourg était venue compenser la perte subie de ce côté, tout aurait pu s'arranger encore.

Mais non ! le bénéfice du Grand-Luxembourg, c'est

M. Philippart qui l'empoche, tandis que la perte du réseau des Flandres, c'est la Compagnie qui doit la supporter, jusqu'au jour où ce réseau deviendra lui-même un instrument de spéculation pour M. Philippart, afin de lui procurer la possibilité de jouer et de gagner à coup sûr.

En Belgique, l'Eldorado des financiers, de l'acabit de M. Philippart, tout cela est légal et correct. Il est vrai que, tout comme M. d'Arnim, M. Philippart possède..... des documents qu'on n'osera jamais produire en justice.

La Caisse d'annuités dues
par l'Etat belge

Dans le chapitre qui précède, nous nous sommes occupés des 422 kilomètres de chemins de fer composant le réseau des Flandres, et nous avons chiffré, documents officiels en main, la perte annuelle que l'exploitation de ce réseau inflige à ladite Société.

Rappelons les agissements de M. Philippart s'emparant des bonnes affaires dont il tire profit *personnellement* et au *détriment de la Société* qu'il est chargé d'administrer, tandis qu'il lui laisse pour compte les mauvaises opérations qui finiront par amener la ruine et engloutir dans un immense cataclysme les obligataires des Sociétés qu'il crée au fur et à mesure de ses besoins.

Nous verrons, en effet, par la suite que la préoccupation constante de M. Philippart est de créer des *valeurs de bourse* qu'il garde dans le portefeuille de la Compagnie tant qu'elles ne valent rien, et qui en sortent aussitôt que les circonstances deviennent favorables pour s'en faire un *instrument pour jouer à coup sûr* et opérer des bénéfices scandaleux sur le dos du public naïf qui confie ses capitaux à ces diverses entreprises.

Nous avons tenu, avant d'aller plus loin, à faire cette observation, parce que nous avons à prier nos lecteurs de ne pas s'impatienter si nous devons tomber dans des *redites*. Et, en effet, à chacune des entreprises des Bassins-Houillers ou de M. Philippart, nous aurons la même observation à faire :

Les *bonnes* opérations sont pour M. Philippart comme particulier.

Les *mauvaises* opérations restent à la Société des Bassins-Houillers.

Ce sont là les principes qui seuls dictent la conduite de M. Philippart.

Combien de temps cela durera-t-il ?

C'est ce que nous nous sommes précisément chargés d'étudier.

Nous allons donc nous occuper des 601 kilomètres cédés par M. Philippart à l'Etat belge, en vertu de la convention du 25 avril 1870.

Pour ne pas fatiguer nos lecteurs par la reproduction des documents relatifs à cette affaire, nous allons leur faire connaître en quelques lignes le mécanisme de la reprise des lignes dont il s'agit.

« La Compagnie des Bassins-Houillers du Hainaut, » concessionnaire de l'exploitation des lignes de che- » mins de fer énumérées à l'article 1er de la conven- » tion du 25 avril 1870, en a remis l'exploitation à l'Etat » à la date du 1er janvier 1871. Elle a droit à un pre-

» mier prélèvement annuel de 7,000 fr. par kilomètre
» sur la recette brute tant qu'elle ne dépasse pas 18,000
» francs par kilomètre, et elle partage avec l'Etat tout
» le produit au delà de ce chiffre jusqu'à concurrence
» d'un maximum fixé à 8,000 fr.

» De plus, elle doit construire une série de lignes
» nouvelles, dont l'exploitation, au fur et à mesure de
» leur achèvement, sera reprise par l'Etat aux mêmes
» conditions que l'ancien réseau. »

En 1871, lorsqu'il s'est agi de mettre cette convention à exécution, un *tolle* général se produisit en Belgique.

Voici pourquoi : Les 601 kilomètres que les Bassins-Houillers ont remis à l'Etat étaient le résultat du groupement de *huit* Compagnies diverses, lesquelles avaient remis elles-mêmes l'exploitation de leurs lignes à cette Société moyennant la garantie ou l'aval apposé sur les obligations.

Mais, au lieu de transférer aux Compagnies les rentes à payer par l'Etat, la Société des Bassins-Houillers stipulait que ces rentes seraient payées directement. Il en résultait :

1o Que le gage échappait aux créanciers

2o Que la Société pouvait négocier à la Bourse les rentes à recevoir par l'Etat, ce qu'elle tenta en effet d'opérer.

Nous devons nous borner à mentionner ici les débats qui eurent lieu à cette occasion au sein de la Chambre belge.

M. Philippart y fut traité pis qu'un... saint, et quiconque veut avoir un portrait de cet honorable financier, doit se procurer les discours prononcés en janvier 1871, au sein de la Chambre belge, par MM. Frère-Orban, Jamar, Demeure et Brasseur.

Cette fois-là, M. Philippart, malgré son audace et son effronterie ordinaires, dut battre en retraite ; bref, par huit conventions conclues entre la Société des Bassins-Houillers et les diverses Sociétés qui composaient le groupe repris par l'Etat, il fut donné satisfaction aux divers intéressés, qui refusèrent absolument d'avoir aucune solidarité avec leur ancienne patronne.

Ajoutons encore pour la clarté des faits que nous allons exposer, que pour rendre possible la vente des Rentes à payer par l'Etat, M. Philippart avait fondé une *Caisse d'annuités à recevoir par l'Etat.*

Le titre de la Société explique le but qu'elle devait atteindre.

Les huit conventions dont nous venons de parler sont identiques, sauf en quelques points, et portent entre autres, comme préambule, ce qui suit :

1° Qu'en conformité de l'article 59 de la convention du 25 avril, la Compagnie des Bassins-Houillers ayant délégué à la Caisse d'annuités les sommes dues par l'Etat à titre de prélèvement sur la recette brute des lignes reprises au 1er janvier 1871, *sauf ce qui concerne les lignes de Flénu, de Saint-Ghislain et de Manage-Waure,* cet établissement créera, en représentation des valeurs qui lui ont été transférées, des titres spéciaux donnant droit, sur ce prélèvement, à une part de 3 fr. de revenu pour un capital nominal de 100 fr., amortissables en quatre-vingt-dix-neuf ans, au moyen dudit prélèvement ;

2° Qu'en ce qui concerne les titres de cette caisse, qui correspond aux obligations actuellement en circulation, la Compagnie des Bassins-Houillers entend s'interdire le droit d'en disposer autrement que pour les échanger contre ces obligations, conformément à ce qui sera dit ci-dessous;

3° Qu'elle entend également faire participer toutes ces lignes aux bénéfices de la convention du 26 avril, tant en ce qui concerne le partage éventuel du produit supplémentaire du réseau, qu'en ce qui concerne les bénéfices de la construction des lignes nouvelles.

§ 5. Pour déterminer les bases de la ventilation des bénéfices de la convention du 25 avril, entre toutes les Sociétés concessionnaires, il a été dressé un tableau établissant les chiffres des recettes de chaque ligne pendant l'année 1870, et la part proportionnelle de chacune d'elles dans les diverses annuités fixes ou variables qui sont ou seront dues par l'Etat.

Ce tableau sera considéré comme faisant partie intégrante des présentes conventions.

Pour garantir cet engagement, la Société des Bassins-Houillers s'était engagée par l'article II à ce qui suit :

II. A l'effet de garantir le paiement, à leurs échéances, des sommes déterminées par l'article premier, la Compagnie des chemins de fer des Bassins-Houillers s'oblige à affecter en gage et nantissement, aux Compagnies qui l'acceptent, une quotité de titres de la Caisse d'annuités, créés en représentation du prélèvement dû par l'Etat sur la recette brute des lignes reprises le 1er janvier 1871, quotité représentant la capitalisation de la part proportionnelle de chaque Compagnie, eu égard à la recette nette totale dans l'ensemble de ces annuités (intérêts et amortissement compris).

Tant que la Compagnie des Bassins-Houillers accomplira les engagements indiqués à l'article premier, elle jouira de l'intérêt des titres engagés.

Pour donner plus de clarté à ces stipulations, il fut écrit à l'article 9 ce qui suit :

IX. L'ensemble des annuités engagées ou déléguées (intérêts et amortissement compris) ne dépassera pas la somme représentant pour chaque obligation restant en circulation, son revenu à 15 fr. et son amortissement à 500 fr.

Les stipulations sont donc bien explicites et simples.

Tant que la Société des Bassins-Houillers remplit ses engagements envers les Sociétés concessionnaires des lignes cédées à l'Etat, toutes les sommes lui revenant, en vertu de la convention du 25 avril 1870, lui appartiennent; mais, pour assurer l'exécution de cet engagement, elle a dû fournir les garanties que nous venons d'énumérer.

Ces garanties peuvent se résumer comme suit :

Tant que les prélèvements (celui de 7,000 fr. par kilomètre, et celui de la moitié de l'excédant de 18,000 francs) n'auront pas dépassé la somme nécessaire au service des intérêts et de l'amortissement des obligations émises par les diverses Sociétés, toutes les sommes serviront de gages aux obligataires, et ne seront remises aux Bassins-Houillers qu'après l'exécution de ses engagements envers les diverses Sociétés.

Jusqu'à ce jour, la Société des Bassins-Houillers, grâce à des émissions successives d'obligations destinées prétenduement à la construction de nouvelles lignes, mais employées à payer les intérêts des obligations qu'elle a garanties, la Société, disons-nous, a toujours satisfait à ses engagements, et les garanties n'ont pas dû être *exécutées*. (Nous employons ce mot dans le sens d'une réalisation forcée.) Mais il s'agit d'examiner ce que personne n'a fait jusqu'ici : si les garanties promises ont été réellement fournies aux obligataires.

Il s'agit donc de déterminer :

1º Quel est le montant des intérêts et des amortisse-ments à payer par la Société des Bassins-Houillers aux diverses Sociétés énumérés à l'article 1er de la conven-tion du 25 avril 1870;

2º Quelle est la recette nette revenant aux Bassins-Houillers et subsidiairement;

(*a*) Quel est le prélèvement à raison de 7,000 fr. par kilomètre;

(*b*) Quel est le prélèvement ou part variable.

La différence entre le service des intérêts et l'amor-tissement des obligations, et le prélèvement total, constituera le bénéfice ou la perte pour la Société!

L'excellent livre de M. Loisel, sur les chemins de fer belges, qui a rapporté, dans son quatrième volume, les conventions entre les Bassins-Houillers et les diverses Sociétés, va nous guider dans l'établissement des comptes que nous allons faire.

Voici, d'après M. Loisel, le nombre de titres en cir-culation parmi les diverses Sociétés et avalisées par la Société de Bassins-Houillers :

	Date d'émission.	Nombre d'obligat. émises.	Nombre d'obligat. amort. au 1er janv. 74.
Hainaut-Flandres...	1re 5 mai 1857	47.586	1.256
— ...	2e 15 avr. 1867	41.214	260
— ...	3e 15 avr. 1867	45.500	—
Braine-Courtrai.....	1re 29 juill. 66	17.000	—
Tamines-Landen	1re 1er nov. 62	21.500	233
—	2e 1er nov. 62	14.215	154
—	3e 1er mai 1865	10.230	110
A reporter.......		197.245	1.993

	Date d'émission.	Nombre d'obligat. émises.	Nombre d'obligat. amort. au 1er janv. 74.
	Report	197.245	1.993
Ouest de la Belgique	1re 1er juill. 66	50.000	444
Centre	1re 28 oct. 1866	16.666	782
—	2e 1er mai 1860	2.962	126
—	3e 21 juin 1861	4.000	187
—	4o 1er juill. 62	12.000	447
—	5o 1er juill. 61	4.000	112
—	6e 1er juill. 67	20.000	290
—	7e 1er mars 67	20.000	228
—	8e 1er mars 67	3.730	31
—	9e 1er mai 1869	10.000	55
—	1re 1er mai 1863	12.000	233
Baume-Marchienne.	—	23.800	—
Frameries-Chimay..	—	4.000	53
Manage à Piéton ...	—	4.400	—
Ceinture-Charleroi..		384.803	5.017
A déduire les obligations amorties.....		5.017	
Reste.......		379.786	

À raison de 16 fr. 13 par an, pour intérêts et amortissement de 379,786 obligations garanties ou *avalisées* par la Société des Bassins-Houillers du Hainaut, elle doit payer aux différentes Sociétés une rente de.......................................fr. 6.125.950

A cette rente, il faut ajouter :

1o Redevance de Manage à Wavre...... 427.500

2o Redevance à Flenu................ 460.000

3o Redevance à Saint-Ghislain 350.000

Au total.......fr. 7.363.450

Or, le 17 juin dernier, le *Moniteur belge* nous a fait

connaître quelle avait été la part des Bassins-Houillers dans les recettes des lignes de l'Etat belge pendant la dernière année d'exploitation que nous connaissons, c'est-à-dire en 1873.

Cette part s'élève, pour 630 kilomètres (1), à 6,238,700 francs.

D'où résultent les deux chiffres que nous avons à rechercher :

$$630 \times 7,000 = 4,410,000 \text{ fr.}$$

Et puis :

$$6,238,700 - 4,410,000 = 1,828,700 \text{ fr.}$$

C'est-à-dire que la part fixe, à raison de 7,000 fr. par kilomètre, ayant été de 4,410,000 fr., la part variable a été de 1,828,700 fr.

Il résulte également des chiffres ci-dessus que la Société des Bassins-Houillers ayant eu à payer, pour intérêts et amortissement des obligations et pour redevances diverses, la somme de...........fr. 7.363.450
et n'ayant reçu de l'Etat que............. 6.238.700

elle s'est trouvée en déficit de ....fr. 1.124.750

Nous ne nous attarderons pas à faire ressortir que le dernier bilan des Bassins-Houillers se garde bien de renseigner le public sur le déficit; il est compris et déduit du *bénéfice sur construction* qui se trouve au crédit du compte profits et pertes et dont on a *oublié* de donner le détail, afin que ceux qui sont peu experts dans la matière ne puissent pas le retrouver.

______

(1) Nous ne tenons pas compte des 29 kilomètres du nouveau réseau, qui ne bénéficient pas aux 601 kilomètres.

On voit, d'après les *chiffres officiels* que nous venons de fournir, que les recettes des Bassins-Houillers ne sont pas suffisantes pour couvrir le service des intérêts et de l'amortissement des obligations.

Mais qu'importe à M. Philippart que la Société des Bassins-Houillers soit annuellement en perte de 1 million 124,750 fr., du chef du réseau cédé à l'Etat, puisque LUI a fait une excellente, une brillante, une mirobolante, une étourdissante opération... à la Bourse de Bruxelles, à l'occasion de cette affaire!

Voici comment cela s'est passé :

Nous avons dit que M. Philippart avait fondé la Caisse d'annuités de l'Etat.

Cette Caisse, une excellente invention de cet habile financier, ayant à recevoir de l'Etat :

1° Une rente fixe ;

2° Une rente variable,

Il fallait se créer les moyens de battre monnaie de cette rente, ce dont fut chargée ladite Caisse.

La rente fixe étant solidement déterminée, elle ne pouvait donner lieu... à une irrégularité. D'ailleurs, les titres étaient présentés *au visa* de l'Etat, le contrôle était sévère. Mais autre chose était la rente *variable*.

Pour elle, pas de contrôle de l'Etat, qui n'avait pas à s'immiscer dans la création des titres, puisque le produit était *variable*.

La Société n'étant limitée par aucune restriction statutaire, elle pouvait en créer autant qu'elle en voulait.

Cependant, comme il faut une limite à tout, même

aux émissions de M. Philippart, il fut décidé que l'on créerait 1,600 parts par kilomètre, soit, pour 601 kilomètres exploités par l'Etat, 961,600 titres.

Comment manœuvrer cet instrument immense de spéculation ?

Et tout d'abord quelle était ou plutôt qu'elle pouvait être la valeur d'un pareil titre ?

Nous venons de voir qu'il y a actuellement (pour l'exercice 1873, le dernier qui soit connu) un déficit de 1,124,750 fr. entre les exigences du service des intérêts des obligations et le produit fourni par l'Etat belge, cela revient à dire que, suivant les conventions ci-dessus reproduites, toute la *part variable* doit servir de garantie aux obligataires *jusqu'au moment* où la Société ayant rempli ses engagements envers les diverses Sociétés, elle en avait la libre disposition.

Ce n'est qu'à partir de ce moment qu'elle peut autoriser à son tour la Caisse d'annuités à répartir la part variable entre les porteurs de titres variables ; *d'où il résulte que ces mêmes parts variables ne sont pas autre chose qu'une PROMESSE des Bassins-Houillers d'acquitter* ses engagements envers les huit Sociétés dont nous avons déjà parlé.

Pour l'année 1870, cette part a produit 68 centimes ; pour 1871, elle a donné 1.55 ; pour 1873, elle a fourni 1.75 ; en tout cas, cette rente variable ne pouvait jamais produire plus de 5 fr., puisque pour 1,600 titres créés le maximum de la rente *variable* était de 8,000 fr.

Que pouvait valoir une PROMESSE des Bassins-Houillers de payer une rente de 1.75 ou, disons-même, de 5 fr. ?

Vous et moi, nous ferions le calcul suivant, et nous nous dirions : Voyons ! la Rente belge 4 1/2 0/0 est à 103; le 5 0/0 français est à 100 fr.; les Consolidés anglais valent 93 0/0; une Rente de 1.75 de M. Philippart, cela doit bien valoir de 25 à 30 fr.

Eh bien, vous n'y êtes pas du tout. Si la Rente belge 4 1/2 0/0 est à 103, le 5 0/0 français à 90, et les Consolidés anglais à 93, la Rente 1 3/4 0/0 Philippart (variable) vaut 160 0/0.

Vous croyez rêver, ami lecteur, c'est pourtant ce taux de 160 0/0 que cette bienheureuse Rente Philippart a atteint au mois d'avril dernier.

A l'aide de quelle manœuvre ? C'est ce que nous allons faire connaitre. Qu'il suffise à nos lecteurs de savoir, pour le moment, que là, encore une fois, la Société des Bassins-Houillers *n'a pas profité d'un centime*, et que le bénéfice sur 961,000 titres variables a passé *tout entier* dans la caisse de M. Philippart ; mais, par contre, elle doit faire face, chaque année, à un déficit de 1,124,750 francs pour avoir permis à son patron de faire des bénéfices personnels dans ses opérations de Bourse.

*
* *

Avant de continuer l'examen de la situation des entreprises de M. Philippart, et pour en finir avec l'affaire des *Annuités variables* dont nous venons de nous occuper, nous devons expliquer l'emploi et l'abus que l'on a faits de ces titres.

Rappelons la qualité de ces derniers : La Caisse d'Annuités dues par l'Etat a acquis des Bassins-Houillers *toutes les rentes* à lui payer par l'Etat, provenant du partage des recettes au delà de 18,000 fr. par kilomètre.

La Caisse d'Annuités devait créer en représentation de cette rente variable, 1,600 parts par kilomètre en exploitation. C'est-à-dire que la Société des Bassins-Houillers devait, *tout d'abord*, acquitter ses engagements envers les porteurs d'obligations des Sociétés concessionnaires, et, lorsque cet engagement était rempli, la Caisse d'Annuités pouvait délivrer aux porteurs la part variable leur revenant.

En d'autres termes, et ainsi que nous l'avons déjà expliqué, la part variable était une PROMESSE des Bassins-Houillers, et la capitalisation ou l'escompte de cette PROMESSE était la capitalisation ou l'escompte du *crédit personnel* des Bassins-Houillers.

Le public et les rentiers sérieux ne se sont pas mépris un seul instant sur le véritable caractère des titres portant le nom *Annuités variables*; c'est pourquoi, pendant trois ans, la capitalisation de cette PROMESSE a suivi pas à pas la capitalisation du *crédit personnel* des Bassins-Houillers.

On sait combien le crédit d'un établissement de Banque subit de fluctuations. Nos meilleures institutions n'en sont pas exemptes et leurs actions sont sujettes à des fluctuations considérables.

On comprend que la spéculation, à la Bourse de Bruxelles, se soit emparée de ces titres qui lui étaient offerts pour s'en faire un instrument de spéculation.

De son côté, la Société des Bassins-Houillers trouvait dans le placement des titres variables, les moyens de faire face aux pertes de l'exploitation que nous avons précédemment chiffrées.

Au début de la création de ces titres, le public se

montrait peu disposé à s'en occuper, mais insensible-
ment voyant les recettes progresser, le public — suppo-
sant, d'ailleurs, posséder une *délégation directe de la Rente
variable* — s'empara de la valeur.

C'était une bonne aubaine pour les Bassins-Houillers; et, en effet, voici le raisonnement que devait tenir
cette Société : Je place une Annuité à 50 fr. pour un titre qui pourra rapporter dans un certain avenir 5 fr. En
attendant, je paie à ce capital de 50 fr. une rente de
68 centimes (pour 1871), de 1.55 (pour 1872), de 1.75
(pour 1873). C'était respectivement de l'argent emprunté
à 1.36 0/0 ou à 3.10 0/0, ou enfin à 3.30 0/0.

C'était une excellente opération, puisque la Société
des Bassins-Houillers avait l'habitude de payer 10, 15
ou 20 0/0 d'intérêts aux capitaux qu'on voulait bien lui
prêter (1).

On ne peut blâmer la Société des Bassins-Houillers
d'avoir cherché à capitaliser son crédit au plus haut
prix possible, aussi nous ne lui faisons pas le reproche
d'avoir écoulé ces titres à ce prix.

Mais voici où le scandale commence : Tandis que la
Société des Bassins-Houillers avec ses *deniers personnels*
opérait la hausse des titres variables, les administrateurs s'attribuaient ces titres au-dessous des prix auxquels elle les avait acquis elle-même.

Le marché une fois créé pour ces titres, les manœuvres furent commencées.

On trouva toutes les facilités (à raison de 15 0/0,

---

(1) Le Crédit lyonnais, la Banque de Paris et maintes autres institutions de crédit en savent quelque chose.

1/2 0/0 de commission par quinzaine et 50 0/0 de la valeur) à emprunter auprès des banquiers sur ces titres que l'on plaçait en reports.

Par ce procédé, les administrateurs des Bassins-Houillers devinrent bientôt les maîtres du marché, car ils pouvaient faire la hausse ou la baisse des titres. Le but qui avait donné lieu à la création de ces titres était atteint : on s'était créé un immense instrument de spéculation, on pouvait *exploiter*, non-seulement des chemins de fer, mais aussi plus facilement peut-être le marché de Bruxelles.

Le résultat ne se fit pas attendre. Les spéculateurs de Bruxelles, voyant ces annuités variables (productives de 0.75, 1.55 et 1.75) atteindre des prix supérieurs aux fonds de l'Etat belge lui-même, s'étaient dit qu'il n'était pas possible que le *crédit personnel* des Bassins-Houillers se capitalisât à ce taux énorme : ils se mirent à la baisse.

Nous n'avons pas une théorie spéciale pour ce genre d'opération ; nous n'approuvons pas qu'on puisse impunément jeter le discrédit sur une valeur pour favoriser les visées de quelques spéculateurs ; mais se mettre à la baisse sur une valeur qui atteint le *double* de son prix réel, est une opération sage et rationnelle que l'on ne peut blâmer ; et, en effet, lorsqu'une valeur atteint des prix exorbitants qu'elle ne mérite pas de par la logique et le bon sens, il faut qu'il y ait des baissiers qui indiquent au public que cette valeur est surfaite.

Au surplus, nous admettons volontiers qu'une institution de crédit cherche à soustraire ses valeurs à l'influence des vendeurs à découvert, en achetant et en raréfiant ses titres ; mais lorsque cette institution *achète plus de titres qu'elle n'en a émis*, elle se place évidemment sur le même rang que le vendeur à découvert. Elle sait qu'elle *spécule*, qu'elle se livre à des manœuvres blâmables, que des maisons sérieuses et honnêtes ne pratiquent en aucune circonstance.

C'est ce qu'ont fait partout les administrateurs des Bassins-Houillers.

Ils avaient accaparé en avril dernier, non-seulement tous les titres existants et émis, mais ils en achetèrent 25,000 de plus qu'il n'en existait, et, lorsque cette opération fut faite, on opéra *l'étranglement des baissiers*.

Ici apparaît le côté odieux et révoltant du procédé employé par les administrateurs des Bassins-Houillers.

Certes, depuis trente ans, nous avons assisté à bien des étranglements de baissiers, à commencer par le Darmstadt, et passant par Mirès pour arriver aux Pereire, mais jamais on ne vit un étranglement Philippart.

Le but n'était pas seulement de faire de la hausse des titres pour les écouler sur le marché, après les avoir achetés à bas prix de la Compagnie des Bassins-Houillers elle-même, il fallait encore déterminer les vendeurs des 25,000 titres à se racheter.

Pour arriver à ce but, M. le directeur de la Caisse d'Annuités, qui était, dans ce qu'on appelait à Bruxelles le syndicat des annuités, M. le directeur de cette Caisse, disons-nous, envoyé par M. Philippart, en quelque sorte comme parlementaire, *n'hésita pas à venir personnellement à la Bourse, et à y déclarer que M. Philippart ne vendrait pas un seul titre, et que l'on devra se jeter à ses genoux pour les obtenir à 200 fr.* (Textuel.)

Un pareil langage, dans la bouche d'une personne aussi autorisée que M. le directeur de la Caisse d'Annuités, devait produire son effet. Les vendeurs prirent peur et se rachetèrent à tout prix, c'est-à-dire de 120 à 160 fr., et pendant que les naïfs baissiers, pour faire face à leurs engagements, s'exécutaient en se rachetant, les administrateurs des Bassins-Houillers *firent vendre des quantités de titres.*

Ce que nous blâmons, ce n'est pas l'exécution des baissiers, mais le moyen employé pour les déterminer à se racheter en faisant craindre un événement chimérique.

Ce que nous blâmons encore, c'est qu'un établissement qui a besoin du *crédit et de la considération publique,* se livre à des manœuvres pareilles, et emploie pour les exécuter les capitaux qu'il demande au public pour la construction de nouvelles lignes de chemins de fer, et dont il fait l'usage que nous venons de faire connaître.

IV

Société pour la construction des chemins de fer créés en vertu de la convention du 25 avril 1870.

Rappelons que nous avons divisé les entreprises de M. Philippart en quatre parties :

1º Ses entreprises en Belgique ;

2º   —   en France ;

3º   —   dans le grand-duché du Luxembourg ;

4º   —   financières.

Dans cet ordre d'idées, nous avons examiné en premier lieu les entreprises de la Société des Bassins-Houillers en *Belgique*, et nous avons établi en sous-division sa situation dans les entreprises suivantes :

(*a*) Le réseau des Flandres ;

(*b*) L'ancien réseau cédé à l'État belge en vertu de la convention du 25 avril 1870.

Nous avons à nous occuper maintenant :

(*c*) Des 600 kilomètres dont la concession a été accordée à la Société des Bassins-Houillers en vertu de la même convention du 25 avril 1870 ;

(*d*) Des 400 kilomètres concédés à la Société des Bassins-Houillers du Hainaut en vertu de la convention du 31 janvier 1873 (réseau Forcade) ;

(*e*) De la fondation de la Société métallurgique et charbonnière.

Quand nous aurons établi la situation de ces trois entreprises, nous pourrons nous occuper de celles qui se trouvent en France et dans le grand-duché du Luxembourg.

Après avoir examiné en détail toutes ces affaires, nous nous occuperons du dernier bilan présenté aux actionnaires de la Compagnie des Bassins-Houillers.

Ce document, on le verra, est un dédale de chiffres habilement groupés pour cacher une situation devenue de plus en plus désastreuse à la suite des agissements que nous venons d'exposer.

Nous allons donc nous occuper des 600 kilomètres de nouvelles lignes dont la concession fut accordée aux Bassins-Houillers en vertu de la convention du 25 avril 1870.

Et ici, nous aurons à constater encore une fois lel procédé des administrateurs de cette Société, lequel consiste à s'emparer des bonnes affaires pour ne lui laisser que les charges en résultant ou les affaires devenues mauvaises.

L'article 18 de la convention du 25 avril 1870 énumère les lignes dont la concession fut donnée à la Société des Bassins-Houillers du Hainaut.

Pour faciliter à cette Société la formation du capital nécessaire pour leur construction, l'article 37 de la susdite convention stipule ce qui suit :

« Si la Société des Bassins-Houillers, usant de la faculté que lu accorde l'art. 63 du cahier des charges et conditions générales, cédait la concession des lignes énumérées à l'art. 18 à une Société anonyme, le capital social à former pour la construction de ces chemins ne pourra pas dépasser cent cinquante-mille francs (fr. 150,000) par kilomètre.

» La somme à effectuer annuellement aux intérêts et à l'amortissement des obligations à émettre éventuellement pour la formation d'une partie de ce capital, ne pourra pas dépasser six mille cinq cents francs (fr. 6,500) par kilomètre. »

Ainsi donc, il fut bien entendu que chaque kilomètre ne peut coûter que 150,000 fr. ou 6,500 fr. de rente.

Toutefois, sur les observations qui se produisirent au sein de la Chambre belge lors des discussions pour le rachat du matériel en 1871, discussion dont nous avons déjà parlé, et ensuite de la convention dite : *des huit Sociétés*, il fut convenu que la longueur des lignes serait fixée à 520 kilomètres, et que chaque kilomètre devrait fournir aux Sociétés dont il s'agit un bénéfice de 2,000 fr. de rente par kilomètre.

Ce bénéfice reste acquis aux Sociétés formant le groupe des Bassins-Houillers aussi longtemps que la Rente à payer aux obligataires n'est pas égale aux recettes revenant aux Bassins-Houillers. C'est ce que disent clairement les articles VII et VIII.

« VII. Lorsque, soit par la conversion de la part variable en annuités fixes, soit par la remise à l'État de tout ou partie des lignes à construire, les créances déléguées seront dans les conditions voulues pour être représentées par des titres semblables à ceux dont il est question à l'article II, la Compagnie des Bassins-Houillers pourra faire cesser les délégations qui font l'objet de l'article VI, et céder ces annuités à la Caisse d'Annuités, et substituant à ces délégations un contrat de gages régulier constitué au profit des Compagnies, et portant sur les sommes ci-après, fixant le pour cent des titres qui seraient créés en représentation soit de l'annuité de 2,000 fr. constituant le bénéfice de la construction, soit de la part variable convertie en annuité fixe.

» VIII. Les titres engagés seront alors remis à la garde de l'Etat, comme il est dit à l'article III. »

Ces deux articles se réfèrent à l'art. II :

« II. A l'effet de garantir le paiement, à leurs échéances, des sommes déterminées à l'art. 1er, la Compagnie des chemins des Bassins-Houillers s'oblige à affecter en gage et nantissement, aux Compagnies qui l'acceptent, une quotité de titres de la Caisse d'Annuités, créés en représentation du prélèvement dû par l'Etat sur la recette brute des lignes reprises le 1er janvier 1871, quotité représentant la capitalisation de la part proportionnelle de chaque Compagnie, eu égard à la recette nette totale dans l'ensemble de ces annuités (intérêts et amortissement compris).

» Tant que la Compagnie des Bassins-Houillers accomplira les engagements indiqués à l'article 1er, elle jouira de l'intérêt des titres engagés. »

En d'autres termes, cela veut dire qu'aussi longtemps que le paiement des intérêts des obligations ne sera pas couvert par l'ensemble de la part fixe, et la part variable 2/7 (2,000 fr. par kilomètre) des bénéfices résultant de la construction des nouvelles lignes seront réservés aux obligataires des lignes anciennes.

Cela est tellement vrai, et on mit tellement de soin à stipuler le droit intact des obligataires, qu'il fut reconnu de la manière suivante :

« VI. Si la Compagnie des Bassins-Houillers n'exécutait pas les travaux des lignes nouvelles énumérées aux art. 17 et 18 de la convention du 25 avril, les Compagnies de Hainaut-Flandres, du Centre, de Frameries-Chimay, de ceinture de Charleroi, de l'Ouest, du chemin de fer de Manage-Piéton, du chemin de fer de Tamines-Landen et du chemin de fer de Braine-le-Comte à Courtrai seraient subrogées de plein droit dans les droits comme dans les obligations résultant à cet égard de la convention du 25 avril, le tout sans préjudice aux droits qui peuvent résulter pour l'Etat des actes de concession.

» *Ces diverses Sociétés constitueraient entre elles un syndicat* pour la construction ou l'achèvement de ces lignes et la part de chacune d'elles dans ce syndicat serait déterminée dans le tableau ci-après.

» La part supplémentaire serait attribuée à la Compagnie des Bassins-Houillers, ou, à son défaut, serait partagée entre les Sociétés syndicataires dans les mêmes proportions. »

Ce qui veut dire que pour la part de 2/7 ou 2,000 fr. de rente (soit 1,040,000 fr. pour le total de 520 kilomètres à construire), la Société des Bassins-Houillers n'était que le dépositaire. C'est un dépôt qui lui est confié et auquel elle ne peut toucher, aussi longtemps que le total des recettes à recevoir de l'Etat ne s'élève pas à 7,303,500 fr.

Et pourtant nous voyons, sous la date du 25 août 1871, la Société des Bassins-Houillers former la Société dont il est parlé à l'article 37 de la convention du 25 avril 1870, et lui assurer l'apport que voici :

« Art. 3. La Compagnie des Bassins-Houillers fait apport à la Société :

» *A.* Du droit, qu'elle a, de construire les lignes énumérées aux articles 17 et 18 de la convention du 25 avril 1870, conformément aux dispositions de ladite convention et notamment des art. 19 à 36.

» *B.* Du bénéfice des divers cautionnements qui ont ont été déposés au Trésor pour l'exécution des lignes reprises à l'article 17 et de celui de 500,000 fr. affecté, en vertu de l'article 36, à l'exécution des lignes énumérées à l'article de la convention précitée du 25 avril 1870.

» *C.* Du bénéfice des paiements qu'elle a faits au Trésor, en exécution de l'article 30 de la même convention et de l'engagement de les compléter à concurrence de 5 millions de francs, en échange

desquels la Compagnie est exonérée des travaux en redevances sti-
pulés dans cette disposition.

» *D*. Du droit de recevoir, de la Caisse d'Annuités, les titres qui
seront créés en conformité de l'article 6 de la convention du 23 février 1871, enregistrée à Bruxelles le même jour, volume 101, fo-
lio 51, case 3, au droit de 2 fr. 50 par le receveur De Rasse, mais
seulement à concurrence d'un capital nominal de 135,000 fr. par
kilomètre, en titres 4 0/0 (amortissement compris), *la Compagnie
se réservant expressément la disposition de tous titres qui seraient
créés en représentation des annuités dues par l'Etat au dela dudit
chiffre de 135,000 fr. par kilomètre*. »

A ce moment, l'on avait encore besoin de réserver
quelque chose pour les obligataires, ainsi qu'il fut convenu en vertu de la convention dite de *huit Compagnies*.
On ne dispose pas de l'intégralité des 150,000 fr.; on ré-
servé 15,000 fr. de capital ou 650 fr. de rente.

Mais, le 11 mars 1874, on modifie l'apport et l'on dit
ce qui suit :

« Art. 3. Le littera *A* de cet article est remplacé par la disposition suivante :

» *A*. De la convention du 25 avril 1870, en ce qui concerne les
lignes qui n'étaient pas livrées à l'Etat le 1er janvier 1871. »

» Au littera *B*, il est ajouté : « Ces cautionnements seront resti-
tués à qui de droit, au fur et à mesure de l'exécution des lignes.

» Dans le littera *D*, les mots suivants sont supprimés :

» La Compagnie se réservant expressément la disposition de
tous les titres qui seraient créés en représentation des annuités dues par l'Etat au dela dudit chiffre de 135,000 fr. par kilomètre. »

Cela veut dire tout simplement que la Société de
construction a l'entière disposition des 150,000 fr. dont
il est parlé à l'article 37 de la convention du 25 avril
1875.

Voilà donc encore une fois une garantie que les obligataires de la Société des Bassins-Houillers *croyaient* posséder qui leur est subrepticement enlevée.

Et pourquoi cet enlèvement ?

C'est bien simple. C'est que la Société de construction *fondée par M. Philippart comme* particulier avait trouvé un entrepreneur (MM. Waring Brothers), qui s'était engagé à construire ces lignes à raison de 110,000 fr. par kilomètre.

Donc, M. Philippart avait une part dans les bénéfices, qui s'élèvent pour 520 kilomètres, à raison de 40,000 fr., à 20,800,000 fr.

Et puis, cette Société de construction ne pouvait-elle pas émettre de nouveaux titres ? Et cette émission interdite à la Société des Bassins-Houillers n'était-elle pas l'unique but de cette nouvelle création.

Car, à ce moment, il fallait de l'argent à M. Philippart pour acheter des actions de la Banque franco-hongroise et de la Banque franco-hollandaise.

Quoi qu'il en soit, il résulte de tout cela que, dans cette affaire comme dans les précédentes que nous avons exposées, M. Philippart, *administrateur des Bassins-Houillers*, a vendu à M. Philippart *comme particulier*, les bénéfices résultant de la convention du 25 avril 1870; de la construction des 600 (ou plus exactement 520) kilomètres qui avaient été concédés à cette Société.

Que ce bénéfice est entre les mains de M. Philippart comme créateur de la Société de construction, et que ni les actionnaires ni les obligataires n'en ont retiré un centime.

V

Société pour la construction du réseau du Luxembourg

Voici ce qui s'est passé en Belgique à propos de la concession de 400 kilomètres de chemins de fer formant les lignes connues dans le monde financier sous le nom de réseau Forcade.

Il existe en Belgique une voie ferrée célèbre par les aventures politiques auxquelles elle a donné lieu à différentes reprises ; cette ligne est celle de la grande Compagnie du Luxembourg.

Elle part de Bruxelles dans la direction sud-est, pour aller à Arlon en passant par Namur, Marloi et Ciney. Un coup d'œil sur la carte démontre l'importance double de cette ligne, à cause du raccordement qui va de Marloi à Angleur (Liége). D'une part, elle est la voie la plus rapide entre l'Allemagne et les départements de l'est de la France ; d'autre part, elle est la clef des transports industriels de la plus haute importance entre le grand-duché du Luxembourg, le bassin de Charleroi, de Liége, et les centres industriels de nos départements du nord-est.

La double importance de cette ligne que nous venons d'esquisser a été la cause des conflits politiques auxquels nous avons fait allusion tantôt. On se rappelle, en effet, qu'en 1869, la reprise de cette voie par la Compagnie de l'Est a donné lieu à un incident politique très-grave, et déjà à cette époque un conflit paraissait imminent entre la France et l'Allemagne.

Le gouvernement belge s'était opposé à cette reprise, sous prétexte que sa possession par la Compagnie de l'Est français pouvait nuire à la neutralité belge. On sait que cet incident s'est terminé par la voie de la diplomatie.

Nous n'avons pas à rechercher ici l'influence qu'aurait pu exercer sur l'issue de la dernière guerre la possession de cette ligne par la Compagnie de l'Est français. Toujours est-il que, pendant la guerre, l'importance de cette voie ferrée s'est fait valoir sous tous les rapports. Elle n'a pas échappé à M. Philippart, qui a trouvé le moyen d'en tirer un parti immense.

Les lignes du Grand-Luxembourg ont été construites par des capitalistes anglais qui ne demandaient qu'une seule chose : tirer de leur entreprise le meilleur parti possible.

Malgré son ancienneté, elle ne fournissait que de maigres résultats, à cause des délapidations de toute nature commises par les administrateurs.

Dans ces conditions, il n'était pas difficile d'obtenir les actions à des prix favorables. M. Philippart se rendit à Londres et devint acquéreur de 80,000 actions, qui se trouvaient en grande partie entre les mains des administrateurs.

Aussitôt en possession de ces titres, il se mit en rapport avec M. Bleichrœder, de Berlin.

Le banquier de M. de Bismark comprit les intentions de M. Philippart et, à eux deux, ils formèrent à la date du 3 janvier 1873, une Société pour exploiter la grande ligne du Luxembourg, celle, précisément, qui conduit, comme nous le disons plus haut, par la voie la plus rapide, de l'Allemagne du Nord à la nouvelle frontière de la France.

Pour le coup, le gouvernement belge s'émut; il s'opposa à cette étrange combinaison, pour l'exécution de laquelle M. de Bismark fournissait les capitaux, par l'intermédiaire de son banquier, Bleichrœder.

On comprend facilement que l'Allemagne ait été heureuse de trouver les moyens de devenir maîtresse des grandes lignes stratégiques de la France. Cette fois encore, un incident diplomatique se produisit; pour y mettre fin, le gouvernement belge fit la proposition à M. Philippart de rompre ses négociations avec M. Bleichrœder, le banquier de M. de Bismark. Il offrit de reprendre, pour son propre compte, l'exploitation de la ligne, et de garantir 25 fr. à chaque action, qui jusque-là avait produit au maximum 12.50, ou de racheter ces titres à raison de 550 fr.

La proposition fut acceptée aux conditions que nous allons voir tantôt, et le marché conclu par une convention en date du 31 janvier 1873.

Et voilà l'homme qui se trouve aujourd'hui à la tête du Nord-Est français, des chemins de fer de Lille à Valenciennes, de Sedan à Lérouville, d'Orléans-Rouen, et de l'importante ligne de la Vendée. Voilà l'homme qui a jeté ses vues sur le réseau des Charentes, sur le chemin de fer de ceinture de Lyon, etc., etc., et nous ne serions pas étonnés, pour notre part, que le couronnement de l'édifice, — s'il ne s'écroule pas d'ici là, — ne soit un traité avec M. Bleichrœder, le banquier de M. de Bismark, pour lui remettre l'exploitation des voies qui conduisent le plus rapidement d'Allemagne au cœur de la France.

Mais revenons au chemin de fer du Grand-Luxembourg.

Il ne suffisait pas à M. Philippart d'avoir cédé au gouvernement belge cette ligne en opérant un bénéfice de 12 millions, il mit à profit les circonstances pour : 1° lui *arracher* la concession du réseau Forcade, devenue vacante par la mort du célèbre publiciste de la *Semaine financière*; 2° pour *obtenir* la jonction des lignes appartenant aux Bassins-Houillers, dans le grand-duché du Luxembourg, avec les lignes du réseau belge.

Nous avons donc à examiner ce que la Société des Bassins-Houillers a fait des 400 kilomètres qui lui ont été concédés, en vertu de la convention du 31 janvier 1873, à l'occasion du rachat des lignes de la grande Compagnie du Luxembourg.

L'article VII de cette convention énumère les lignes dont la concession fut accordée à la Société des Bassins-Houillers du Hainaut :

Art. VII. — *Désignation.* — La Compagnie des chemins de fer des Bassins-Houillers s'engage à construire, pour le compte de l'État belge, et à lui livrer en état d'exploitation, sauf le matériel roulant et le mobilier des stations :

1° Un chemin de fer partant de Gemboux, sur la ligne de Bruxelles à Namur, et aboutissant à un point du chemin de fer de l'État entre Tamines et Jemeppe ;

2° Un chemin de fer prenant son origine à la station de Tamines, du chemin de fer de l'Etat, et aboutissant au chemin de fer de Namur à Givet, entre Dinant et la frontière française ;

3° Un chemin de fer qui, formant le prolongement du précédent, partira du point où celui-ci coupera la ligne de Namur à Givet, pour aller rejoindre le chemin de fer de Namur à Arlon, ou près de Jemelle ;

4° Un chemin de fer partant de la ligne précédente, se dirigeant vers Athus, en passant près de Beauraing, Paliseul, Florenville et Virton, et par la vallée de la Vire, avec un embranchement vers la frontière française, dans la direction de Gorcy ;

5° Un chemin de fer partant de la station de Bastogne et se raccordant au chemin de fer de Pepinster à la frontière du grand-duché de Luxembourg à Gouvy.

Ces lignes doivent être construites pour compte de l'Etat belge, qui en prend l'exploitation.

Le prix de ces lignes fut fixé par l'article XXV de la convention.

Art. XXV. — *Prix des travaux.* — Pour prix des travaux faisant l'objet de la présente entreprise, l'Etat belge paiera, par kilomètre, à la Compagnie des chemins de fer des Bassins-Houillers, une somme de huit mille francs de rente belge, quatre, trois ou deux et demi pour cent, à son choix.

Le gouvernement aura, à toute époque, le droit de les payer à raison de deux cent mille francs par kilomètre.

Pour prix des travaux d'établissement de la seconde voie prévue au deuxième alinéa de l'art. XII, l'Etat paiera un supplément de rente belge de deux mille francs par kilomètre, ou un capital de cinquante mille francs par kilomètre, à son choix.

Les paiements auront lieu sur le pied de deux cent mille francs pour huit mille francs de rente par kilomètre, au fur et à mesure de l'exécution des travaux, de l'achat des terrains et de la remise des approvisionnements à pied d'œuvre.

Sur chaque certificat, il sera fait une retenue de quinze pour cent, dont le tiers sera remboursé lors de la réception provisoire, et le surplus lors de la réception définitive de chaque ligne ou section.

Le montant de chaque certificat ne pourra être inférieur à 500,000 francs.

L'affaire était donc bien simple : il s'agissait de construire les lignes que nous avons énumérées pour le prix de 200,000 francs par kilomètre, ou contre des titres de la rente belge à raison de 8,000 francs par kilomètre.

La Société avait toutes facilités pour exécuter les lignes, puisque les paiements doivent avoir lieu *au fur et à mesure* de l'exécution des travaux à raison de 2 kil. 1/2, le montant de chaque bordereau à délivrer ne pouvant être inférieur à 500,000 francs.

Il n'y avait donc pas d'avances de fonds à faire, et il suffisait à la Société des Bassins-Houillers d'employer un petit capital à cette construction pour réaliser un immense bénéfice.

En effet, l'on calcule que chaque kilomètre que l'Etat paiera à raison de 200,000 francs coûtera à la Compagnie en moyenne 150,000 francs : bénéfice net, 50,000 francs par kilomètre, soit 20 millions de francs pour les 400 kilomètres à construire.

C'était une brillante et magnifique affaire qui pouvait relever la Compagnie et dédommager par la solidité qu'elle acquérait les obligataires des diverses Sociétés qui forment le groupe des Bassins-Houillers.

Mais telle n'était pas l'intention de M. Philippart, et sous la date du 22 mai 1873, nous voyons figurer au *Moniteur belge* les statuts d'une Société intitulée : *Société anonyme pour la construction des chemins de fer énumérés à l'article VII de la convention du 30 janvier 1873, approuvée par la loi du 15 mars suivant.*

Par cet acte authentique, la Compagnie des Bassins-

Houillers fait apport à la Société des *droits* comme des obligations résultant du chapitre II de la convention précitée (Convention du 31 janvier 1873.)

On se demande pourquoi la Société des Bassins-Houillers a formé cette Société, puisqu'elle avait toutes les facilités pour réaliser avec un bénéfice de 20 millions de francs cette brillante opération.

La réponse à cette question est facile :

M. Philippart, *au nom de la Société des Bassins-Houillers*, fait l'apport du bénéfice de la convention à :

1º M. le comte Eugène de Meeus ;

2º M. le comte d'Ennetières ;

3º MM. Alfred Eykholt et Cº, tant en leur nom qu'en celui du Comptoir général de Bruxelles ;

4º M. SIMON PHILIPPART !

5º M. Jules Goddyn.

Ces cinq personnes agissent en leur NOM PERSONNEL, c'est-à-dire que M. Philippart, administrateur de la Compagnie des Bassins-Houillers, vendit à *M. Philippart, comme particulier*, les bénéfices de la convention du 31 janvier 1873.

Ainsi que nous le disions plus haut, il ne fallait qu'un très petit capital pour exécuter les lignes. Ce capital fut fixé, cela se comprend aisément, à 1,000,000 de francs, représenté par 2,000 actions de 500 fr. chacune. Ce capital n'était que le prétexte pour priver la Société des Bassins-Houillers des 20 millions de francs de bénéfices.

Comment admettre, en effet, comme cela semble résulter des articles 12 et 13 des statuts de cette Société,

que le Comptoir général se soit contenté d'un intérêt de
6 0/0 sur les actions par lui souscrites :

Art. 12. — Les bénéfices se constituent de la différence entre le
coût des travaux et les sommes encaissées sur l'Etat. Après prélèvement de la somme nécessaire pour donner un premier dividende
de 0 0/0 au capital versé, ils sont répartis de la manière suivante :
5 0/0 seront distribués par parts égales entre les 2,000 actions, à
titre de second dividende, et le solde, soit 95 0 0 sera attribué aux
parts de jouissance.

Art. 13. — A l'expiration de la Société, l'assemblée règle le mode
de liquidation et nomme, séance tenante et à la majorité des voix,
les liquidateurs.

Le produit de la liquidation servira d'abord au remboursement
des sommes versées sur les 2,000 actions. L'excédant sera réparti
comme suit :

5 0/0 aux mêmes actions ;

95 0/0 aux parts de jouissance.

Le Comptoir général souscrivit.....	1.600 actions.
MM. de Meeus, Eyckholt, d'Ennetiè-res......................................	325 —
M. Philippart........................	50 —
M. Goddyn..........................	25 —
Total...................	2.000 actions.

Il est vrai que l'article 5 dit ce qui suit :

Art. 5. — Il sera, en outre, créé 5,000 parts de jouissance au
porteur, sans mention de capital ni de valeur, et dont les droits
sont également énoncés aux articles 9, 10 et 12, qui seront repro-
duits sur les titres. Ces parts de jouissance seront remises à la
Compagnie des Bassins-Houillers, en représentation de son apport.
La Société ne pourra émettre d'obligations au porteur.

Ici l'affaire se corse; la Société des Bassins-Houillers,

qu'a-t-elle fait des 5,000 parts de jouissance qu'elle a reçues, et qui, en définitive, n'étaient que la capitalisation ou l'escompte anticipé de son bénéfice dans l'opération des 400 kilomètres ?

Que valait chaque action? Le bénéfice de l'opération étant de 20 millions à diviser par 5,000 actions, il est facile de le calculer. Il s'élève à 4,000 fr.

Or, la Société des Bassins-Houillers qu'a-t-elle fait de ces 5,000 actions ?

Nous ne les voyons pas figurer à son actif! Pourquoi? C'est qu'elle les a vendues au Comptoir général pour 1,200 fr. par titre.

Nous en trouvons la preuve dans l'extrait suivant du rapport, concernant l'exercice 1873 dudit Comptoir général, qui dit ce qui suit en parlant de son portefeuille de valeurs.

(Nous citons textuellement :)

Le mouvement de cette partie de portefeuille s'est élevé à l'entrée à.. 19.846.390 25

A la sortie........ .... 7 156 765 50

Soit 12.689.624 75

Le solde de ce compte est supérieur de 6,822,992 fr. 01 à celui de 1842.

L'augmentation résulte de ce que nous avons, en 1873, pris un intérêt important dans la Société anonyme pour la construction des chemins de fer énumérés à l'article 7 de la convention du 30 janvier 1870, approuvée par la loi du 15 mars suivant, lignes dites du Luxembourg.

En effet, voici comment le compte s'établit :

1,600 actions ordinaires à 500 fr........	800.000
5,000 parts de jouissance à 1,200 fr.....	6.000.000
Total.....................	6.800.000

C'est bien l'augmentation subie par le portefeuille du Comptoir général qui provient de l'affaire du chemin de fer du Luxembourg.

Il y a donc un *syndicat* entre le Comptoir général et M. Philippart? Dans quelle proportion M. Philippart est-il intéressé? Cela résulte de conventions *secrètes*, mais toujours est-il qu'il y est intéressé comme PARTICULIER.

VI

La Société Métallurgique et Charbonnière.

Une des opérations les plus étrangement étonnantes de la Société des Bassins-Houillers, c'est bien évidemment la création de la *Société métallurgique et charbonnière.*

Cette Société fut fondée par acte authentique en date du 5 mai 1873 et ses statuts approuvés par arrêté royal en date du 13 mai de la même année se trouvent placés sous le bénéfice de l'ancienne législation française sur les Société anonymes.

Voici l'origine de la fondation de cette Société :

La Société générale d'exploitation, fondée pour la construction et l'exploitation des chemins de fer formant le groupe Philippart, était devenue sans objet pour cette Société. Aussi M. Philippart songea-t-il, en 1873, à la faire disparaître. Elle possédait d'importants ateliers de construction que la Société des Bassins-Houillers ne pouvait plus alimenter.

Il était déjà très singulier de voir la Société des Bassins-Houillers dissoudre une Société de construction précisément à l'instant où elle venait de prendre l'engagement de construire 600 nouveaux kilomètres, en vertu de la convention du 25 avril 1870, et 400 kilomètres en vertu de la convention du 31 janvier 1873.

Mais il est facile de se rendre compte que, si la Société générale d'exploitation avait entrepris la construction de ces lignes, le bénéfice lui revenait en partage avec les Bassins-Houillers. Ce n'était pas là ce que voulaient les administrateurs de cette Société, dont le désir était de profiter directement de cette entreprise, et la disparition de la scène financière de la Société générale d'exploitation devait être encore une fois pour eux l'occasion de faire une opération financière très lucrative.

Cette occasion était d'autant plus propice qu'à ce moment le mouvement de hausse le plus extraordinaire se produisit pour les entreprises de construction et de charbonnages.

On s'empressa de profiter de cette situation, et le 5 mai 1873 fut constituée la Société métallurgique et charbonnière avec les objets appartenant à la Société générale qui, trois semaines après, était dissoute.

Les biens appartenant à la Société générale d'exploitation étaient les suivants :

1º Les ateliers de construction de Tubize ;

2º Les ateliers de construction de Nivelles ;

3º Les ateliers de construction de la Sambre ;

L'on y ajoutait :

4º Les ateliers de construction et les hauts-fourneaux de Châtelineau, que l'on avait acquis, le 3 septembre 1872, de M. Dupont, pour la somme de cinq cent mille francs.

A cet objet l'on avait ajouté :

5º Le charbonnage de Viernoy, d'une étendue de 328 hectares, situé à Anderlues.

Enfin, pour s'installer grandiosement à Bruxelles, l'on avait acquis :

6º L'immeuble appartenant à M. Gustave Sabatier, situé place de Louvain, nº 1.

Quelle était la valeur des apports faits par la Société des Bassins-Houillers (car c'est elle qui fit l'apport) ?

Dans le dernier rapport publié et arrêté au 31 décembre 1871, la Société générale d'exploitation nous fait connaître que :

1º L'atelier de Tubize avait une valeur de 933.332 36

2º L'atelier de Nivelles 434.546 23

3º L'atelier de la Sambre 266.513 18

Total 1.634.391 77

Nous savons que l'atelier de Châtelineau avait coûté . . . .   500.000 »

Ce qui fait 2.134.391 77

L'immeuble de M. Sabatier doit avoir coûté 100,000 fr.. mais estimons-le à . . .   150.000 »

Ensemble 2.284.391 77

Quant au charbonnage de Viernoy, nous ne savons ce qu'il a été payé, mais approximativement nous pouvons estimer ce qu'il vaut par la valeur des Charbonnages voisins ; nous savons, en effet, qu'à ce moment le charbonnage de Laval-Trahignies, d'une étendue de 450 hectares, fut apporté en société par MM. Berger, Closson, Mélot, Accarain pour la somme de 2,500,000 fr.

Le charbonnage de Leval-Trahignies est situé à côté de celui de Viernoy; il est son voisin, il possède deux puits, tandis que Viernoy n'en possède qu'un seul. Mais cependant, pour être large, nous estimerons la valeur de ce dernier charbonnage à 1,500,000 fr.

De telle sorte que la valeur totale des apports s'élève à fr. 3,784,391.77; mais pour éviter toute erreur, arrondissons les chiffres et portons-les à 4,000,000 de francs.

En fixant ces chiffres, nous admettons que la Société des Bassins-Houillers a obtenu mainlevée des hypothèques suivantes — que dans un moment de gêne elle avait été obligée de contracter :

Ateliers de Châtelineau..............fr.   187.500
Ateliers de Nivelles....... ....   350.000
                                         ————————
                         Total.......... 537.500

A cet égard nous devons, en passant, placer l'observation que les bilans de la Société générale d'exploitation ne portaient aucune trace de ces hypothèques et que l'on a soigneusement caché cette dette au public. Pour prix de ces apports, la Société des Bassins-Houillers recevait, d'après l'article 14 des statuts, ce qui suit :

Art. 14. En compensation desdits apports, les divers dénommés aux articles précédents (articles 7, 8, 9, 10, 11 et 12) auront droit aux 15,000 parts sociales dont il sera question à l'article 15, et qu'ils se partageront d'après leurs conventions personnelles.

De ces 15,000 parts, 1,000 parts sociales ne leur seront remises que sur la mainlevée de l'hypothèque qui grève le bien repris sous l'article 7 et sur la preuve que les travaux spécifiés à l'alinéa 3 de cet article sont terminés.

1,000 autres parts ne leur seront remises que sur la mainlevée de l'hypothèque qui grève le bien sous l'article 8, lit. A.

Mandat contractuel est donné à la Compagnie des Bassins-Houillers à l'effet de recevoir les 15,000 parts dont il s'agit et d'en faire la répartition comme il est dit ci-dessus.

Indépendamment de ce qui vient d'être stipulé, la Compagnie des chemins de fer des Bassins-Houillers et la Société générale d'Exploitation recevront les 2,000 parts de dividende dont il sera également question à l'article 15, pour les indemniser de l'apport qu'elles font des marchés à exécuter, du bénéfice de ceux qui ont été exécutés à partir du 1er janvier 1873 jusqu'au jour du commencement des opérations sociales et de la clientèle de leurs ateliers et usines.

Pour sûreté et garanties des apports, 5,000 actions resteront déposées sous scellés dans la caisse sociale pendant dix-huit mois, à dater de l'approbation des présents statuts.

Mention de leur affectation sera faite sur les scellés. Elles ne pourront être délivrées aux intéressés que sur délibération conforme de l'assemblée générale des actionnaires.

La Société des Bassins-Houillers recevait donc 15,000 parts ou actions de capital, et 2,000 actions de dividende ou de jouissance.

S'il est difficile d'assigner une valeur à ces dernières, nous savons par contre que, grâce à M. Crabbe, fondateur de la Société, et à ses réclames dans l'*Indépendance belge*, l'on a placé de fortes quantités d'actions de capital (de 4 à 5,000 titres) entre 550 et 600 fr. sur le marché de Bruxelles.

Nous nous disions et nous calculions déjà comme suit : 4,000 actions à raison de 575 francs, cela fait 2,300,000 francs.

Voilà donc la Société des Bassins-Houillers rentrée

presque dans la valeur de son apport. Le restant de ses 10,000 actions ou plutôt 8,000 titres (puisque 2,000 titres représentent le surplus de l'apport) représentent son bénéfice, qui, à 500 francs, se chiffre par 4 millions de francs.

Intérieurement, nous félicitions les actionnaires de la Société des Bassins-Houillers de cette brillante et splendide opération, qui allait pour trois ans *lui permettre de faire face au paiement des intérêts et de l'amortissement des obligations dont elle a repris l'exploitation !!!*

Mais quelle ne fut pas notre désillusion lorsque dernièrement, à l'occasion du remaniement des statuts de la Société, nous avons pu prendre connaissance de la liste suivante des actionnaires et du nombre de leurs titres ?

	Parts sociales.	Parts de dividende.
1º M. Félix Gendebien, président du conseil d'administration	151	
2º M. S. Philippart, administrateur	100	
3º M. Albert Gendebien, administrateur, représenté par M. F. Gendebien	166	
4º M. Gustave Joris, administrateur	100	
5º M. Prosper Crabbe, administrateur	2.700	
6º M. Alphonse Hubert, commissaire	25	
7º M. Charles Mourlon, commissaire	216	
8º M. Auguste Vandevin, commissaire	25	
9º La Compagnie des chemins de fer des Bassins-Houillers, représentée par M. S. Philippart.	16.000	2.000
10º M. Tercelin-Montjot, banquier, à Mons	600	
11º M. Ferdinand Vandevin, propriétaire	40	
12º M. Victor Gendebien, avocat à Bruxelles, représenté par M. Félix Gendebien	36	
13º M. le lieutenant-colonel Vandensade	50	
A reporter	20.209	2.000

	Parts sociales.	Parts de dividende.
Report............	20.209	2.000
14° M. Louis Favresse, propriétaire, à Schaerbeek.................................	50	
15° M. S. Bochart, propriétaire, à Schaerbeck.	150	
16° M. Charles Evrard, industriel, à Saint-Josse-ten-Noode...........................	30	
Ensemble........	20.439	2.000

Nous n'en pouvions croire nos yeux, et pour nous convaincre que l'on ne s'était pas trompé, nous avons relu les statuts, et nous avons trouvé l'explication de ce fait que, tandis que l'on avait placé 4 à 5,000 titres à la Bourse, la Société des Bassins-Houillers en possédait encore 16,000, qui, à ce moment (au mois de novembre 1873), ne valaient plus que 375 fr. chacune.

Et, en effet, l'article 16 des statuts dit ce qui suit :

Art. 16. Indépendamment des 15,000 parts sociales dont il est question à l'article précédent, le conseil d'administration, d'accord avec les commissaires, est autorisé à émettre 15,000 parts sociales pour subvenir au service des fonds de roulement et de prévision ou acquérir d'autres biens, par voie d'apport ou autrement. « Ces » parts seront émises en partie ou en totalité par les soins du » conseil, aux conditions et sous les pénalités qu'il déterminera, et » à un taux qui ne pourrait pas être inférieur à 500 fr. par titre. »

Nous allâmes aux informations, et nous n'avons pas tardé à apprendre que, par les SOINS DU CONSEIL, ce conseil s'était attribué à lui-même, à raison de 500 fr., les 15,000 actions de la deuxième série. Que ce n'était pas les 4 à 5,000 des 15,000 actions des Bassins-Houillers que l'on avait placées dans le public à raison de 550 à 600 francs, mais que les membres du conseil, s'étant attribués les 15,000 actions de la deuxième série, s'étaient formés en syndicat et avaient vendu ces titres, réalisant ainsi un bénéfice de 310,000 fr. Et notons que, si l'on n'a pas réalisé davantage, ce n'est pas la faute du syndicat ; car voici la constatation qui fut faite à l'assemblée générale du 9 novembre 1873 :

Après avoir fait donner lecture de titre VI des statuts concernant les assemblées générales, M. le président constate et l'assemblée reconnaît « que six mille (6,000) parts sociales se trouvant encore » à la souche », le capital émis actuellement se compose de vingt-quatre mille (24,000) parts sociales et deux mille (2,000) parts de dividende, dont vingt-six mille (26,000) titres.

Que les actionnaires présents réunissent, tant en nom personnel que comme mandataires, vingt mille quatre cent trente-neuf (20,439) parts sociales et deux mille (2,000) parts de dividende, ensemble vingt-deux mille quatre cent trente-neuf (22,439) titres, soit plus des deux tiers des titres en circulation.

Ainsi donc on avait vendu LES TITRES que le conseil, *par ses soins*, pouvait s'attribuer, et la prime de 75 fr. par titre était un bénéfice réalisé, non pas par la Compagnie des Bassins-Houillers du Hainaut, mais par les membres du *syndicat du conseil* !!!

Inutile de dire quel préjudice est causé à la Société par ce procédé, puisque, non-seulement elle possède toutes ses actions aujourd'hui complétement dépréciées, mais qu'elle a encore acquis, en sus des 15,000 titres qui lui revenaient pour son apport, 1,000 titres qu'elle a dû, aux termes des statuts, payer à 500 fr. au moins.

Et voilà comment, encore une fois, l'affaire des ateliers de Tubize et de Nivelles, qui était dans le principe une brillante opération, est devenue mauvaise entre les mains de ses administrateurs.

Nous avons terminé aujourd'hui l'examen des entreprises de transport des Bassins-Houillers en *Belgique*. Nous avons établi à grands traits, il est vrai, la situation de chacune d'elles.

Nous avons constaté que la Société des Bassins-Houillers a eu de brillantes conceptions et qu'elle aurait pu enrichir ceux qui s'y sont engagés, si, depuis 1870, les administrateurs n'avaient pas rompu avec les traditions qu'ils avaient adoptées jusqu'alors.

Nous constatons avec regret qu'ils ont abusé de leur situation et qu'ils ont créé à la Société une position telle, qu'elle doit sombrer infailliblement, étant écrasée sous le fardeau des charges qu'on lui a endossées.

(*Bulletin financier.*)

Paris. — Imprimerie Charles Schiller, 10, Faubourg-Montmartre, 10.